AF178399

Für

....

Von

....

ISBN 978-3-649-64896-3
© 2024 Coppenrath Verlag GmbH & Co. KG
Hafenweg 30, 48155 Münster, Germany
Illustrationen: © 2024 Marjolein Bastin
Grafische Gestaltung: Stefanie Bartsch
Alle Rechte vorbehalten

www.coppenrath.de

Marjolein Bastin

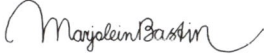

Zum Geburtstag alles Gute

Gesundheit, Glück & Frohsinn

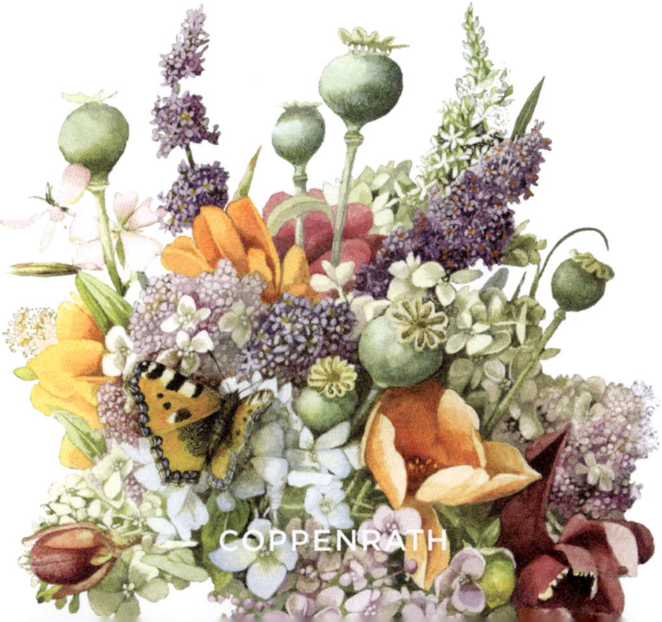

COPPENRATH

Alles Schöne, alles Gute,
alles Glück auf dieser Welt!
Bleib gesund und bleibe fröhlich,
tue das, was dir gefällt.

Poesiealbumspruch

Will das Glück nach seinem Sinn
dir was Gutes schenken,
sage Dank und nimm es hin
ohne viel Bedenken.
Jede Gabe sei begrüßt,
doch vor allen Dingen:
Das, worum du dich bemühst,
möge dir gelingen.

Wilhelm Busch

Man braucht im Leben nicht nur Geld allein,
man braucht auch Liebe, Freude, Glück –
von allem wünsch ich dir ein Stück!

François Rabelais

Freude soll nimmer schweigen,
Freude soll offen sich zeigen,
Freude soll lachen, glänzen und singen.
Freude soll danken ein Leben lang.
Freude soll dir die Seele durchschauern.
Freude soll weiterschwingen.
Freude soll dauern
ein Leben lang.

Joachim Ringelnatz

Kummer sei lahm!
Sorge sei blind!
Es lebe das Geburtstagskind!

Theodor Fontane

Gesundheit schmücke deine Tage,
Zufriedenheit begleite sie,
dein Leben fließe ohne Klage
dahin in schönster Harmonie.

Poesiealbumspruch

Werde, was du noch nicht bist,
bleibe, was du jetzt schon bist:
In diesem Bleiben und diesem Werden
liegt alles Schöne hier auf Erden.

Franz Grillparzer

Wir sind nicht nur verantwortlich für das, was wir tun, sondern auch für das, was wir nicht tun.

Molière

In 20 Jahren wirst du mehr enttäuscht sein über die Dinge, die du nicht getan hast, als über die Dinge, die du getan hast. Also löse die Knoten, brich auf aus dem sicheren Hafen. Erfasse die Passatwinde mit deinen Segeln. Forsche. Träume.

Mark Twain

Glaube an Wunder, Liebe und Glück.
Schau nach vorne und nicht zurück.
Lebe dein Leben und steh dazu,
denn dieses Leben, das lebst nur du!

Poesiealbumspruch

Geburtstage sind die Tage,
an denen man das, was war, betrachtet,
das, was ist, bewertet
und das, was sein wird,
voller guter Hoffnung erwartet.

Samuel Butler

Ich wünsche dir schöne Träume
und schönere Wirklichkeit
und üppige Blütenbäume
und stete Fröhlichkeit.

Friederike Kempner

Heitere Tage, frohe Stunden,
viel Erfolg, mit Glück verbunden,
stets Gesundheit, Sinn zum Scherzen –
dieser Wunsch, er kommt von Herzen.

Poesiealbumspruch

Willst du wissen, wie alt du bist,
so frage nicht die Jahre, die du gelebt hast,
sondern den Augenblick, den du genießt.

Arthur Schnitzler

Das Geheimnis des Glücks ist es,
statt der Geburtstage
die Höhepunkte des Lebens zu zählen.

Mark Twain

Gib jedem Tag die Chance,
der schönste deines Lebens
zu werden.

Mark Twain

Genießen wir,
was uns der Tag beschert!
Wer weiß, ob solch ein Tag
uns wiederkehrt.

Hafis

Achte gut auf diesen Tag,
denn er ist das Leben,
das Leben allen Lebens.
In seinem kurzen Ablauf
liegt alle Wirklichkeit
und Wahrheit des Daseins,
die Wonne des Wachsens,
die Herrlichkeit der Kraft.
Das Gestern ist nichts als ein Traum
und das Morgen nur eine Vision.
Aber das Heute – richtig gelebt –
macht jedes Gestern
zu einem Traum voller Glück
und das Morgen
zu einer Vision voller Hoffnung.
Achte daher gut auf diesen Tag.

Aus dem Sanskrit

Hab Sonne im Herzen,
ob's stürmt oder schneit.
Ob der Himmel voll Wolken,
die Erde voll Streit!

Hab Sonne im Herzen,
dann komme, was mag,
das leuchtet voll Licht dir
den dunkelsten Tag!

Hab ein Lied auf den Lippen
mit fröhlichem Klang,
und macht auch des Alltags
Gedränge dich bang!

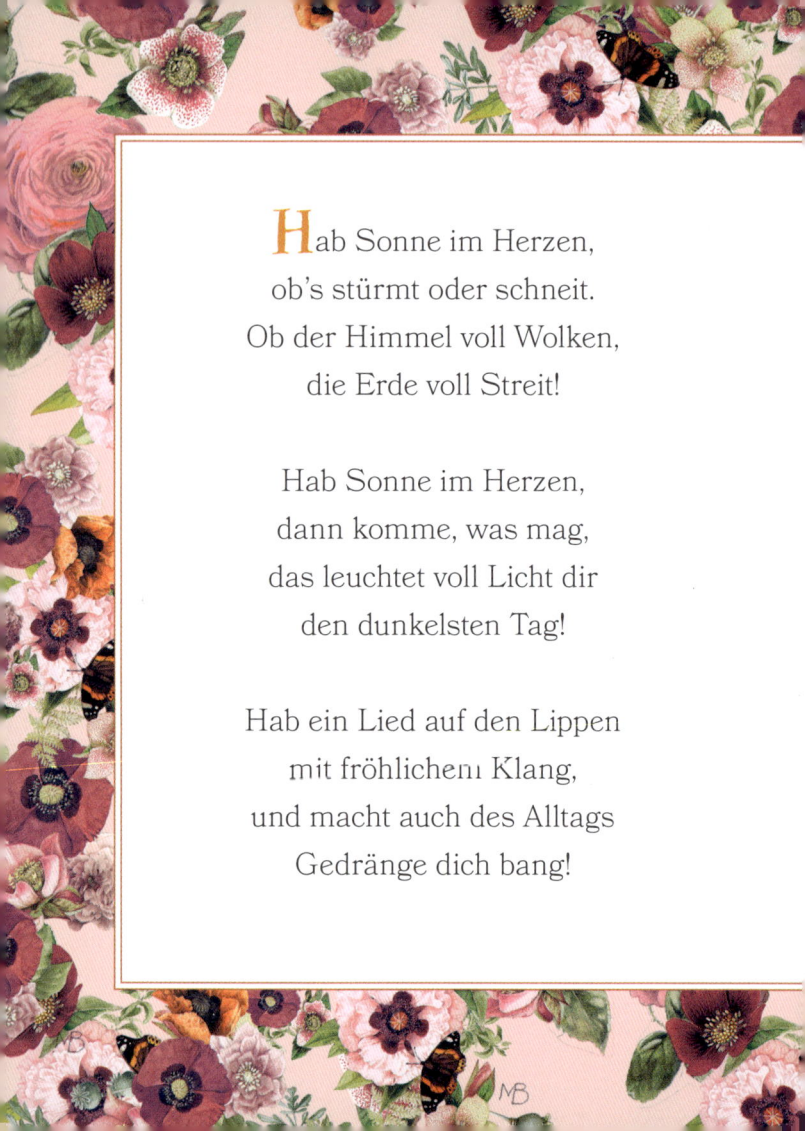

Hab ein Lied auf den Lippen,
dann komme, was mag,
das hilft dir verwinden
den einsamsten Tag!

Hab ein Wort auch für andre
in Sorg und in Pein
und sag, was dich selber
so frohgemut lässt sein:

Hab ein Lied auf den Lippen,
verlier nie den Mut,
hab Sonne im Herzen,
und alles wird gut!

Cäsar Flaischlen

Rezept für die nächsten 365 Tage

Man nehme 12 Monate, putze sie sauber von
Bitterkeit, Geiz, Pedanterie und Neid
und zerlege jeden Monat in 30 oder 31 Teile,
sodass der Vorrat genau für ein Jahr reicht.
Jeder Tag wird dann einzeln angerichtet
aus einem Teil Arbeit und zwei Teilen Frohsinn
und Humor. Man füge drei gehäufte Esslöffel
Optimismus hinzu, einen Teelöffel Toleranz,
ein Körnchen Ironie und eine Prise Takt.
Dann wird die ganze Masse sehr reichlich mit
Liebe übergossen! Das fertige Gericht schmücke
man mit Sträußchen kleiner Aufmerksamkeiten
und serviere es täglich mit Heiterkeit!

Catharina Elisabeth Goethe

Durchwandle froh und heiter
dein Leben Jahr für Jahr,
das Glück sei dein Begleiter,
dein Himmel ewig klar!

Poesiealbumspruch

Möge stets jemand
an deiner Seite sein,
der dir Worte des Lebens sagt,
der in dein Lachen einstimmt
und deine Lieder kennt.

Irischer Segenswunsch